JOSÉ LUIS OLTRA
@CUARENTAYDOS

NO SOMOS
EL CENTRO DEL
UNIVERSO

ILUSTRACIONES DE **HENAR TORINOS**

Montena

Papel certificado por el Forest Stewardship Council®

Penguin
Random House
Grupo Editorial

Primera edición: junio de 2022

Printed in Spain – Impreso en España

ISBN: 978-84-18483-20-2
Depósito legal: B-7.590-2022

Compuesto en Compaginem Llibres, S. L.
Impreso en Gómez Aparicio, S. L.
Casarrubuelos (Madrid)

GT 8 3 2 0 2

PRÓLOGO

¿Te crees guay? Pues deberías. Aunque no demasiado. Permíteme que me explique. Por el simple hecho de ser *Homo sapiens*, molas. Estás padrísima, chévere y refacherito. Al fin y al cabo perteneces a la misma especie que Gentileschi, Unamuno, Kubrick o Hopkins. Perteneces a la especie que creó la Sagrada Familia, la Declaración Universal de los Derechos Humanos o las Olimpiadas. Los seres humanos hemos llegado a la montaña más alta y la fosa más profunda, hemos visitado cada rincón visitable del planeta Tierra e incluso nos hemos aventurado más allá de nuestra atmósfera, caminando sobre la superficie de la Luna o haciendo llegar numerosas sondas a cada planeta e incluso a los confines del sistema solar.

Fue *Homo sapiens* quien inventó la primera vacuna, quien definió la teoría cuántica de campos o quien descubrió la estructura molecular del ADN. Y sí, lo sé, también era *Homo sapiens* quien decidió lanzar las bombas atómicas sobre Hiroshima y Nagasaki, quien esclavizó a millones de personas y quien provocó el cambio climático. No estoy queriendo decir que *Homo sapiens* sea sinónimo de perfección, pero bien podría pertenecer a la familia semántica de fiera, máquina y crack.

La lista de méritos a nuestras espaldas es indudablemente larga. También resulta evidente que somos capaces de dominar el mundo, sus paisajes, su atmósfera e incluso a las especies que lo habitan. Podríamos entonces sentir la tentación de creernos importantes, imprescindibles o necesarios. Podríamos también llegar a sentirnos el centro de todo, el culmen, la cima, lo más.

Pero bastaría un breve repaso a la historia para darnos cuenta de que una y otra vez la ciencia ha sabido devolvernos al lugar que nos corresponde: la insignificancia o, al menos, una esquinita del escenario cósmico.

Sin ir más lejos, el calentamiento global y el cambio climático que este está provocando podrían darnos una falsa sensación de poder. Pero, aunque hayamos sido capaces de mover la gigantesca roca climática, de hacerla rodar ladera abajo, somos incapaces de prevenir la destrucción que dejará a su paso. Detenerla acabará suponiendo el gran reto de este siglo.

Pensemos en alguna de las muchas ocasiones en las que un descubrimiento científico nos ha alejado de esa posición central de máxima importancia. Durante muchos siglos creímos que la Tierra era el centro del universo. El heliocentrismo de Copérnico nos mostró que no era así. Creímos entonces que el Sol debía de ser el centro del universo y fundamentalmente diferente al resto de los puntitos que poblaban el cielo nocturno. Científicos como Herschel nos mostraron que no, que formamos parte de una galaxia repleta de otras estrellas. El ser humano es el único animal que tropieza dos veces con la misma piedra y al que más le cuesta aprender la lección. Tras todo lo aprendido creímos que nuestra galaxia debía de ser la única en el universo y, por tanto, el centro de este. Hubble nos mostró que había incontables galaxias formadas por incontables estrellas, y que todas ellas eran parte de un universo inabarcablemente grande.

Existe un concepto, una idea, que recoge bastante bien lo que pretendo transmitir aquí. Se conoce como el principio de mediocridad. Este principio viene a decirnos que, si sacas un objeto cualquiera de entre un gran grupo de objetos similares, el objeto que saques probablemente será mediocre. «Mediocre» no en el sentido de que tendrá poco valor, calidad o interés, sino «mediocre» en el sentido de que no será único o especial y que compartirá características con muchos de los objetos que forman el grupo original.

El principio de mediocridad no es tanto una ley universal como una guía que nos ayuda a encontrar respuestas a preguntas más concretas y complejas. Esto significa que dicho principio no será correcto ni incorrecto, al menos no cuando lo apliquemos a la situación del ser humano y el planeta Tierra en el cosmos, sino que será simplemente más o menos útil.

El principio de mediocridad nos advierte, por consiguiente, de que a la hora de plantearnos algunas cuestiones lo más sabio es partir de la humildad.

De eso tratará este libro, de algunas ocasiones en las que la ciencia nos ha dejado claro que somos considerablemente más mediocres de lo que pensábamos. Por supuesto, aquí no pretendo demostrar lo muy o poco mediocre que es nuestro planeta, nuestra especie o nuestra situación en el cosmos. Pretendo más bien mostrar cómo la ciencia ha cambiado nuestra forma de pensar y la manera colectiva de imaginarnos.

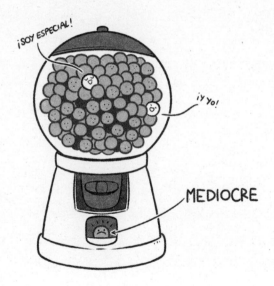

CAPÍTULO 1
LA TIERRA

Empecemos por nuestro hogar, empecemos por la Tierra. Hoy en día la mayoría de las personas tienen bastante claro el aspecto de nuestro planeta. Porque nuestro conocimiento teórico de formación y evolución planetaria es mucho más avanzado, pero también porque tenemos formas de verlo directamente. Entre los miles de satélites que orbitan la Tierra y pueden tomar fotos de esta, los centenares de personas que han llegado a salir de nuestra atmósfera convirtiéndose en astronautas y la decena de estadounidenses que miraron esta roquita en la que vivimos desde la superficie de otra roquita, la Luna, abundan los testimonios sobre la esfericidad del planeta Tierra.

Hace un par de milenios no era tan fácil. Y, aun así, hubo filósofos griegos que fueron capaces de deducir que la Tierra debía de ser esférica y hasta pudieron medir su radio con bastante precisión. Disculpa, me estoy adelantando...

¿Qué visión tenían de la Tierra en la Antigüedad? ¿Qué fantasía cósmica representaban en sus cabezas cuando pensaban en el mundo? Esta pregunta tiene muchas respuestas posibles, una por cada civilización o sociedad de la época. Veremos algunas de las ideas predominantes y nos centraremos más tarde en la idea griega, por ser la que más influyó en el desarrollo del pensamiento occidental (del que soy y somos inevitablemente herederos).

En la antigua Mesopotamia creían en una Tierra plana, rodeada por un océano que acababa en una cadena montañosa sobre la que se asentaba la cúpula celeste. Esta cúpula tenía una serie de puertas por donde entraban y salían los astros en su movimiento cíclico alrededor de la Tierra. Todo el conjunto estaba rodeado por unas aguas superiores, que eran el origen de las lluvias. Además, fueron capaces de predecir eclipses y de calcular cuándo ocurrirían solsticios y equinoccios. Dentro de lo que son los mitos cosmológicos, una visión bastante básica.

Para los antiguos egipcios, o para parte de ellos al menos, había un océano caótico primordial, del que surgieron la Tierra, el Sol y el resto de astros (y dioses). Su Tierra tenía forma cuadrada, se apoyaba sobre cuatro montañas situadas en sus esquinas y era recorrida en su centro por el NILO, que era la parte terrestre de un río cósmico por el que navegaban todos los astros en su movimiento por el cielo.

Los pueblos Kuba, que habitan África Central en la actualidad, cuentan historias sobre su dios Mbombo y sobre cómo este creó el mundo. Rodeado de la oscuridad y las aguas primigenias, Mbombo, tras lo que debió de ser la peor indigestión en la historia humana y celestial, vomitó el Sol, la Luna y el resto de los astros. El calor del Sol fue evaporando las aguas, creando el aire y las nubes, y con el tiempo la Tierra fue emergiendo hasta su configuración actual.

Nada que envidiarles tienen los ainu, las gentes que habitaban el archipiélago japonés antes de la llegada de los chinos, que cuentan la historia de un aguzanieves creador. Este pajarillo, que en su versión no mitológica mide menos de un palmo y es blanco, grisáceo y adorable, chapoteó en el océano primordial hasta dejar la tierra al descubierto. Tierra que después moldeó con sus patitas y su pico, hasta crear los paisajes que hoy forman el mundo.

Los chinos, mucho antes de que llegaran al archipiélago nipón, hablaban de Pangu. Pangu, que suele representarse como un señor peludo, grandote y con dos cuernitos sobre la cabeza, emergió de un huevo cósmico. De un hachazo separó la Tierra del cielo y tras asegurarse durante 18.000 años (real) de que no volvían a unirse creó todo lo demás: su aliento se convirtió en el viento y las nubes; sus ojos, en la Luna y el Sol; su voz, en el trueno;

su cuerpo, en las montañas; su sangre, en los ríos; su ve-
llo, en los bosques, y sus huesos, en los minerales más
preciados.

Estos son solo algunos de los muchos mitos imaginados
por las diferentes civilizaciones que han habitado la Tierra
en los últimos miles de años. Son mitos muy variados,
incluso dentro de una misma cultura fueron evolucio-
nando e incorporando nuevos elementos o desechando
otros. Sin embargo, todos ellos tienen en común la clara
distinción que hacen entre los cielos y la Tierra. Para todos estos pueblos, la Tierra era lo central e inamovible y
los cielos eran «lo otro». Esto, por supuesto, tiene sentido. Los humanos habitamos la Tierra y el resto del universo, desde nuestra perspectiva, parece algo insignifi-
cante comparado con la vastedad del mundo. Los griegos
no fueron una excepción y tuvieron mitos cambiantes,
aunque la mayoría de ellos situaban la Tierra en el centro
del universo.

Digo la mayoría, porque llegaron a proponerse modelos
heliocéntricos en la antigua Grecia, modelos que ponían al
Sol como centro del cosmos y desplazaban la Tierra a un
lugar secundario. Aristarco de Samos propuso, basándo-
se en ideas anteriores, en el siglo III a. C., eso mismo, que
la Tierra debía de girar en torno a un Sol situado

en el centro de la esfera que formaba la cúpula celeste. Llegó incluso a calcular el tamaño del Sol y la distancia que lo separaba de la Tierra, equivocándose bastante.

A pesar de esto, el *mainstream* griego imaginaba un cosmos con una Tierra esférica en el centro, rodeada de esferas concéntricas que albergaban al resto de los objetos conocidos del sistema solar, con una última capa formada por las estrellas del firmamento y la Vía Láctea.

Pero espera un momentito. ¿He dicho «Tierra esférica»? Sí, efectivamente. Y es que la forma de nuestro planeta ya era conocida hace dos mil años, lo cual hace aún más incomprensible el relativo auge del terraplanismo en la era de internet. Estas ideas a veces van de la mano de un fundamentalismo religioso, pero muchas otras veces no son más que un intento de rebelión contra la norma. Hay quien pasa por una fase emo, otra gente tira más hacia lo cani y hay quien se hace terraplanista. No tengo nada en contra de las dos primeras, pero la última me preocupa.

Todo comenzó con Eratóstenes, un filósofo griego, natural de la ciudad de Cirene (cuyas ruinas están situadas en la actual Libia), que fue la primera persona en medir la circunferencia y el radio de la Tierra, al menos de la que tengamos constancia.

Eratóstenes sabía que al sur de Alejandría había una ciudad donde un día al año, al mediodía, los objetos no proyectaban sombras. Esta ciudad era Siena (llamada actualmente Asuán), y ese día, el solsticio de verano.

Así que diseñó un plan: el día del solsticio de verano al mediodía, en Alejandría, Eratóstenes mediría la sombra de un obelisco. A partir de esta medida y sabiendo la altura del obelisco, podría averiguar cómo de lejos estaba el Sol de la vertical, obteniendo en su momento una inclinación de poco más de 7 grados. Este ángulo debía de ser el mismo que formaban las ciudades de Siena y Alejandría medido desde el centro de la Tierra esférica. Es decir, si una vuelta completa son 360 grados o la distancia angular del ecuador a cualquiera de los polos es de 90 grados, la distancia angular que separaba las dos ciudades era, según las medidas de este filósofo, de unos 7,2 grados o, aproximadamente, una parte de cincuenta de toda la circunferencia terrestre. Pues bien, sabiendo la distancia de una ciudad a la otra, que era de 5.000 estadios (unidad de medida popular en la época), y multiplicándola por 50, obtendría la circunferencia terrestre. Dividiendo el valor obtenido entre 2pi, tendría el radio. Sus cálculos fueron realmente precisos, sobre todo si se tiene en cuenta que los hizo hace más de veintidós siglos: calculó el radio de la Tierra con menos de un 6 % de error con respecto al valor moderno. Es impresionante.

EXPERIMENTO

Vístete de Eratóstenes, calcula el radio de la Tierra y demuestra a tus amigos terraplanistas que nuestro planeta es una esfera. Encuentra dos puntos situados a la misma longitud geográfica que estén separados lo suficiente como para que se note el efecto, pero no demasiado como para que sea impensable medir la distancia en línea recta entre ellos. Si estudias o trabajas en un colegio, tal vez sea buena idea tratar de recrear el experimento de Eratóstenes y medir el radio de la Tierra. Si lo intentas, por favor, házmelo saber.

Volvamos al modelo cosmológico más popular en la antigua Grecia, el que situaba a nuestra Tierra esférica en el centro del universo. Los filósofos griegos suponían que el movimiento de los diferentes astros, es decir, la Luna, el Sol, los planetas y las estrellas, se debía a una serie de circunferencias que giraban y que encajaban como engranajes.

Por ejemplo, para explicar la rotación de la Luna alrededor de la Tierra utilizaban varias esferas conectadas, cuyos movimientos acababan sumándose. La primera esfera tendría un movimiento que tarda un día entero en completar una vuelta. Este sería responsable de que la Luna salga y se ponga cada día. Pero nuestro satélite no siempre sale a la misma hora, sino que cada día sale una media de unos 50 minutos más tarde. Esta diferencia hace que cada varios años se observe un ciclo, en el que la Luna repite exactamente su posición en el cielo. Pues bien, la rotación de la segunda esfera daba lugar a este ciclo. Además, la Luna parece oscilar alrededor de la eclíptica, la línea que describe el Sol en el cielo, de modo que a veces se sitúa por encima de esta línea y a veces por debajo. La tercera y última esfera, por tanto, daba cuenta de este movimiento, de manera que el movimiento conjunto de las tres esferas explicaba el movimiento lunar con sus variaciones y sus regularidades.

Había además otras esferas que describían el movimiento del Sol, los 5 planetas conocidos (Mercurio, Venus, Marte, Júpiter y Saturno) y la bóveda celeste, que incluía el resto de los objetos del firmamento. En total 27 esferas explicaban todo lo que ocurría en el cielo. Este sistema fue simplificado y mejorado por Ptolomeo unos siglos más tarde. Él propuso que todos los astros se moverían alrededor de la Tierra siguiendo dos circunferencias. La principal estaría centrada en la Tierra o cerca de ella, y la secundaria, incrustada en la principal para explicar los diferentes ciclos y movimientos observados. Este sistema fue tan bueno prediciendo la posición de los planetas que perduró durante más de 1.000 años.

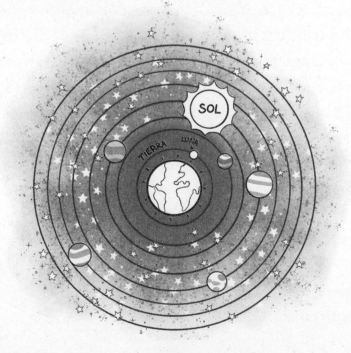

Con la llegada del modelo heliocéntrico de Nicolás Copérnico, el modelo cosmológico griego cayó en desuso. Pero las ideas aportadas por Copérnico no eran tan revolucionarias como podría parecer. Lo que el astrónomo polaco (nacido en Torun y formado en Cracovia) pretendía moviendo el centro del universo desde la Tierra hasta el Sol no era crear un modelo que se ajustara mejor a las observaciones, sino simplificar el modelo de Ptolomeo, que le parecía confuso. El heliocentrismo de Copérnico usaba órbitas circulares y uniformes para el movimiento de los planetas alrededor del Sol y no acababa de igualar en importancia a la Tierra con el resto de los planetas. Además, para Copérnico el Sol era el centro del universo, pero no la causa de los movimientos planetarios. No fue hasta la llegada de Johannes Kepler y Galileo Galilei que las ideas geocentristas se convirtieron en cosa del pasado.

Por un lado, Kepler, usando las meticulosas observaciones del danés Tycho Brahe, concluyó que los planetas siguen órbitas elípticas con el Sol situado en uno de los focos de estas elipses. Esto solucionó los problemas que los modelos de Ptolomeo e incluso de Copérnico no habían sido capaces de abordar, como el hecho de que en el hemisferio norte el verano dure más tiempo que el invierno.

JOHANNES KEPLER

Por otro lado, Galileo, observando a través de los diferentes telescopios que él mismo construyó, dio algo de profundidad a los objetos que componen el pedacito de universo que habitamos. Él observó cráteres y montañas en la Luna, manchas solares en el Sol, y descubrió  las cuatro lunas más grandes de Júpiter, entre otras cosas.

Así fue como la ciencia logró desplazar a la Tierra de la posición central que se le había adjudicado durante siglos. Nuestro planeta pasó de ser el objeto central del universo, alrededor del cual giraba todo lo demás y el que tenía detalles y matices, a ser un planeta más de los seis que orbitaban alrededor del Sol y a no ser el único con estructura e interés.

Llevo todo el capítulo hablando de planetas como si este término tuviera una definición simple y evidente o como si hubiera significado siempre lo mismo. No es así. A la palabra «planeta» se le han adjudicado diferentes significados y tampoco siempre los mismos cuerpos han sido considerados planetas. Aunque la existencia de Mercurio, Venus, Marte,

Júpiter y Saturno se conoce desde antes de que se inventara la escritura y hay referencias a ellos en la mayoría de las culturas del mundo, la palabra proviene del griego antiguo.

Para los griegos había dos tipos de estrellas: las fijas y las errantes. Las primeras serían las estrellas que componen el cielo nocturno, los objetos que en la actualidad sabemos que están más allá de los límites de nuestro sistema solar. Las segundas serían esos objetos que por su distancia y tamaño tienen la misma apariencia que las estrellas fijas, pero parecen moverse por el cielo con el paso de los días y los años. Estas estrellas errantes para los griegos eran *asteres planetai*, los planetas.

Con la llegada del modelo heliocéntrico de Copérnico y su posterior aceptación generalizada tras las aportaciones de Kepler y Galileo, la Tierra se unió al resto de los planetas, mientras que la Luna pasó a ser un satélite. No obstante, a finales del siglo XVIII y principios del siglo XIX hubo varios descubrimientos que empezaron a complicar las cosas.

En 1781, el astrónomo William Herschel descubrió un objeto en la constelación de Tauro que no acababa de cuadrar con sus esquemas: era Urano. Aunque se movía como un planeta, Herschel decidió clasificarlo como un cometa; al fin y al cabo, no se había descubierto ningún planeta nuevo desde que el ser humano empezó a mirar al cielo. Con el tiempo, sin embargo, por su tamaño, su distancia y las características de su órbita se acabó aceptando que el nuevo cuerpo debía de ser un nuevo planeta. Estudiando en detalle su órbita, se vio que no cuadraba exactamente con lo que las leyes de Newton habrían predicho, por lo que se propuso la hipótesis de que debía de existir otro planeta de tamaño similar a Urano, pero bastante más alejado del Sol. Este planeta fue descubierto en 1846 y recibió el nombre de Neptuno.

El tema pareció relajarse hasta que Clyde Tombaugh descubrió Plutón en 1930. Este fue considerado inmediatamente como un nuevo planeta (el noveno del sistema solar), aunque con el paso de los años esta posición fue puesta en entredicho porque, a finales del siglo XX, se empezaron a descubrir cuerpos de tamaño similar a Plutón o incluso más masivos, como Eris, que hicieron dudar acerca de qué se debía considerar planeta y qué no.

Por esta razón, en 2006 la Unión Astronómica Internacional, el máximo organismo mundial en lo que a astronomía se refiere, se reunió con el objetivo de decidir qué era exactamente un planeta. Tras mucho sudor y esfuerzo llegaron a la siguiente conclusión, un planeta sería cualquier objeto del sistema solar que cumpla con los siguientes requisitos:

LO QUE SE NECESITA PARA SER UN PLANETA

* Orbitar directamente alrededor del Sol,

* tener suficiente masa como para que su propia gravedad supere las fuerzas de cuerpo rígido y alcance un equilibrio hidrostático y

* mantener limpia la vecindad de su órbita.

En total, en el momento de escribir estas líneas, en el universo conocemos unos 5.000 planetas, cada uno de ellos probablemente único. Algunos tienen apenas una décima parte del tamaño de la Tierra; otros son cientos de veces más grandes. Entre ellos hay unos que padecen gran actividad volcánica y la lava ardiente recorre su superficie; también hay gigantes gaseosos y otros están cubiertos de hielo. Algunos tienen atmósferas; otros, satélites. Los hay que orbitan a pocos millones de kilómetros de su estrella y aquellos que lo hacen a cientos de miles de millones de kilómetros, por lo que unos tardan en completar una órbita apenas unas horas y otros hasta cientos de años.

Todos estos planetas (y los miles que probablemente descubriremos tan solo en la próxima década con instrumentos como el telescopio espacial James Webb) no hacen más que recordarnos lo poco única y especial que es nuestra Tierra. Pero el hecho de que no sea única no hace que deje de ser importante. La Tierra es nuestro hogar. En ella han nacido todos los hombres y mujeres desde que existe el género humano. Aunque descubriéramos otro planeta que albergara vida, otro mundo con seres vivos con una biología más o menos similar a la nuestra, lo más probable es que ese mundo y esa vida dispongan de mil formas diferentes de matarnos sin esforzarse demasiado. Somos seres delicados que habitamos un planeta delicado. Así que, aunque la Tierra no sea única ni especial, es y seguirá siendo tremendamente importante para el ser humano. Por eso es necesario que la cuidemos.

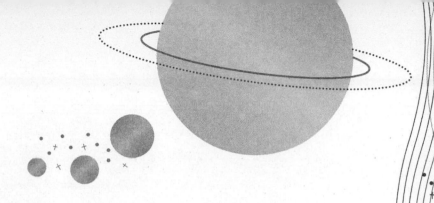

CAPÍTULO 2
EL SOL

Quitémosle algo de zoom a nuestra búsqueda de la mediocridad, alejémonos de la Tierra hasta abarcar la totalidad del sistema solar y centrémonos en el Sol. Este es, sin exageración ni *clickbait* alguno, el motor principal de la vida en la Tierra. El Sol calienta la superficie de nuestro planeta permitiendo que el agua fluya líquida por ella, pero sin llegar a evaporarla por completo. Calienta los océanos y la atmósfera creando las corrientes que generan todos los fenómenos meteorológicos, desde la lluvia al viento, pasando por cualquier tormenta tropical, huracán, tornado o nevada. Es, además, un elemento clave en la nutrición de la mayoría de las plantas (mayoría y no totalidad, porque hay plantas parásito que viven de otras plantas) y de algas, cianobacterias y otros microorganismos. Estos seres, a su vez, sirven de sustento para el resto de los seres vivos, los que son incapaces de sintetizar su propio alimento, los llamados heterótrofos, que incluyen a tan ilustres especímenes como Edward Jenner, Katherine Johnson o tú.

Además de su importancia para la biología, el Sol también ha tenido un papel protagonista en las mitologías de muchas culturas. Asimismo, ha recibido numerosos nombres: Tonatiuh en la civilización azteca, Inti en la inca, Ara en Armenia, Helios en Grecia, Grian en Irlanda o Sunna en las tribus germánicas, por ejemplo. A veces era un dios o diosa menor y otras el centro de toda la creación, pero rara es la cultura antigua que no mostrara cierta veneración hacia el astro rey.

El proceso por el cual pasamos de situar al Sol en el centro de nuestra mitología (y más tarde del sistema solar) a considerarlo una más de los miles de millones de estrellas de nuestra galaxia y del universo fue bastante largo y no tiene un clímax puntual. No hubo un momento exacto o una teoría física concreta que marcaran un antes y un después en nuestra concepción del Sol con respecto al resto de las estrellas. Este proceso fue lento y el resultado de observaciones ingeniosas y medidas precisas acumuladas durante siglos.

La primera idea de que el Sol podía ser una estrella más se la debemos a Anaxágoras, un filósofo griego que vivió en el siglo v a. C. Su concepto de estrella era diferente a actual, pero pensaba que básicamente serían unas rocas ardientes de varios cientos de kilómetros de tamaño (más o menos del tamaño de la península del Peloponeso, según él). Nuestro Sol, al estar relativamente cerca, era capaz de iluminarnos y calentarnos, pero el resto de las rocas ardientes, que debían de estar a muchísima más distancia, no podían hacerlo y solo percibíamos de ellas un tenue brillo por la noche.

Estas y otras ideas llevaron a Aristarco de Samos a intentar medir la distancia y el tamaño del Sol de manera precisa. Pero resultó complicadísimo. No por la teoría, que era impecable, sino por la práctica. La idea de Aristarco fue resolver el triángulo rectángulo que forman el Sol, la Luna y la Tierra cuando nuestro satélite está en el punto medio de las fases menguante o creciente. Es decir, cuando la Luna está exactamente «al lado» de la Tierra, vista desde el

Sol. Cuando esto ocurre, el ángulo Sol-Luna-Tierra es un ángulo recto, de forma que puede medirse el ángulo que forman la Luna y el Sol desde nuestra perspectiva, resolviendo el triángulo.

Aristarco sabía que el ángulo debía de ser cercano pero menor de 90 grados. Menor, porque de obtener 90 significaría que el Sol estaba infinitamente más lejos que el satélite. Calculó un valor 3 grados por debajo de esos 90 grados, cuando el valor real es de unos 10 minutos de arco o un sexto de grado. Los resultados que obtuvo significaban que el Sol debía de estar unas 20 veces más lejos de la Tierra que la Luna. La realidad es que está 400 veces más lejos.

También intentó estimar el tamaño de ambos cuerpos en comparación con el terrestre. Usando las distancias relativas que he comentado antes y el hecho de que la sombra de la Tierra durante un eclipse lunar es aproximadamente el doble del tamaño de la Luna, obtuvo que el Sol debía de ser unas 300 veces más grande que la Tierra. Es decir, que en la esfera de la estrella cabrían unas 300 réplicas de la esfera terrestre. La cantidad real sobrepasa el millón, pero, aun así, esta diferencia fue suficiente para que Aristarco defendiera un cosmos heliocéntrico. Para él tenía más sentido que la diminuta Tierra orbitara alrededor del gran Sol y no al contrario.

Ya hemos visto un par de veces, y volveremos a verlo en capítulos posteriores, que algunos resultados de cálculos o experimentos fueron útiles en su época a pesar de estar muy lejos de ser correctos. Esto es porque muchas veces en física (y en la ciencia en general) es más importante entender el valor aproximado que el valor exacto con absoluta precisión. Es decir, lo importante suele ser conocer el orden de magnitud del valor correcto. El orden de magnitud se refiere a qué potencia de diez se acerca más al resultado. Esto es, si medimos la masa de un gato, el valor que esperamos obtener será de unos pocos kilos. Si al pesarlo obtuviéramos que su masa es de 500 kilogramos o de 0,005 kilogramos, sabríamos rápidamente que ha habido un error.

Sin embargo, las ideas de Aristarco no calaron. Los filósofos griegos mantuvieron un modelo geocéntrico que perduró hasta la Edad Moderna.

Con la llegada de Copérnico y su heliocentrismo, el Sol recuperó su privilegiada posición. Pensadores como Giordano Bruno llegaron a proponer que no tenía sentido separar el universo en un sistema solar y una bóveda celeste, y que el universo debía de ser un lugar infinito con incontables mundos orbitando alrededor de las estrellas, que no eran más que soles tremendamente lejanos. Sus ideas no tuvieron mucho recorrido, porque, a pesar de ser correctas a grandes rasgos, no tenía pruebas que las respaldaran, pero principalmente porque llevaron al propio Bruno a ser quemado en la hoguera en el año 1600. Y a nadie le gusta arder por proponer un par de teorías, por muy fascinantes que estas sean... Las ideas de Galileo debieron de parecer más inofensivas, pues en vez de acabar en la hoguera fue condenado a un arresto domiciliario que duró 9 años (hasta su muerte en 1642, concretamente).

No fue hasta dos siglos más tarde cuando pudimos medir la distancia a una estrella sin tener ideas preconcebidas de cuál sería esta. En efecto, en 1838 el astrónomo alemán Friedrich Bessel pudo medir la distancia a 61 Cygni midiendo su paralaje. Acabo de decir muchas palabrotas, lo sé. Vayamos por partes.

FRIEDRICH BESSEL

61 Cygni es una estrella binaria (es decir, en verdad son dos estrellas orbitándose entre sí) de la constelación del Cisne. Esta constelación es una de las más reconocibles del cielo de verano en el hemisferio norte. Su estrella más brillante, Deneb, forma la cola del cisne. Nuestra estrella estaría a la derecha de la cola, bajo el ala, y es apenas visible a simple vista. Para medir la distancia a ella, Bessel aprovechó el tamaño de la órbita terrestre alrededor del Sol para observar el movimiento relativo de esta estrella con respecto a otras estrellas más lejanas. Este movimiento es lo que se conoce como paralaje estelar.

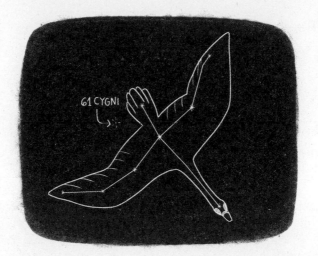

61 CYGNI

Imagina que estás en una llanura que acaba a los pies de unas montañas bastante imponentes, pero situadas a varios kilómetros de distancia. Ahora imagina que entre las montañas y tú, a unos 100 metros de tu posición, se encuentra un árbol. Sin moverte, podrás ver que el árbol tapa una pequeña porción de las montañas. Si andas unos pocos metros hacia la izquierda o la derecha (suponiendo que empezaste mirando al árbol y las montañas), podrás ver cómo poco a poco el árbol parece «moverse» por las montañas. Es decir, cada vez tapa una parte diferente del fondo montañoso. Por supuesto, cuanto más andes, más evidente será este movimiento del árbol con respecto al fondo.

Este mismo principio es el que utilizó Bessel para medir la distancia a 61 Cygni, pero en su caso el movimiento lateral fue el de la propia Tierra en su traslación alrededor del Sol. Midiendo la posición de la estrella en momentos opuestos de la órbita (por ejemplo, en los equinoccios de primavera y otoño), pudo estimar su distancia en poco más de 10 años luz, apenas un 10 % menor que el valor obtenido con las técnicas modernas.

Las mediciones de Bessel, que fueron seguidas de medidas similares para estrellas como Alfa Centauri o Vega, despejaron cualquier duda sobre la distancia real a las estrellas. Además, el hecho de que cada estrella estuviera a una distancia diferente permitía descartar por completo que fueran parte de una bóveda celeste esférica y centrada en la Tierra o el Sol. Así fue como pasamos de creer que el Sol era único y central en el universo a saber que no era más que una de miles (que más tarde se convertirían en miles de millones) de estrellas.

Pero ¿qué es una estrella? Llevamos todo el capítulo hablando sobre si el Sol es o no una estrella más, sin haber definido con exactitud qué es eso que llamamos estrella. En esencia, una estrella es un astro compuesto principalmente de hidrógeno y helio, y es tan masivo que la presión creada en su interior por su propia gravedad es capaz de hacer crecer la temperatura hasta que tengan lugar reacciones de fusión nuclear.

Superclaro, ¿verdad? Vayamos al principio, literalmente. En los primeros instantes del universo, se crearon los primeros átomos, hidrógeno y helio, principalmente, con un poquitito de litio también. Durante unos mil millones de años, el universo estuvo formado por nubes enormes compuestas de estos elementos y nada más. Con el tiempo esas nubes fueron concentrándose por efecto de la gravedad y formaron las galaxias. Los incontables paquetes de gas que constituían cada una de estas galaxias siguieron contrayéndose y dieron lugar a las estrellas. En nuestro caso, el Sol concentra un 99,8 % de la masa del sistema solar. Es decir, que, si todo el sistema solar tuviera una masa total de 500 kilogramos, el Sol acapararía 499 de esos kilogramos, mientras que el resto (todos los planetas, lunas, cometas y asteroides juntos) apenas llegarían a 1 kilogramo.

Esta nube de gas que dio lugar al Sol fue contrayéndose a lo largo de millones de años por efecto de su propia gravedad, de forma que el gas situado en el centro fue sometido a más y más presión. La presión provocó que las partículas del gas chocaran cada vez con más energía, lo que hacía aumentar su temperatura, hasta que llegaron a un punto en el que las partículas de la región central de esta nube tenían tantísima energía que eran capaces de superar la repulsión electromagnética que sentían y fusionarse entre sí. Este proceso de fusión libera cantidades enormes de energía, y es uno de los procesos más eficientes que conoce la ciencia. La energía liberada durante la fusión nuclear permitió que el interior de la estrella siguiera caliente; este proceso activo se ha mantenido durante los últimos miles de millones de años, haciendo brillar al Sol y al resto de estrellas del universo.

Antiguamente creíamos que el universo abarcaba hasta Saturno y poco más. Con el descubrimiento de que cada uno de los puntitos que llenan el firmamento era un sol y que los más cercanos de esos puntitos estaban millones de veces más lejos que cualquier otro objeto de nuestro sistema solar, nuestro horizonte creció como no nunca hasta entonces. De repente nuestro universo era un lugar enorme, aunque no infinito, pues al parecer (o eso creían a finales del siglo XIX) todo estaba más o menos englobado en nuestra galaxia, la Vía Láctea. Qué tamaño tenía no estaba claro, pero ya fueran cientos o cientos de miles de años luz, todo lo que podíamos ver en el cielo estaba incluido en ese espacio. Por supuesto, ahora sabemos que eso no es así. Toca continuar nuestro viaje, toca alejarnos de lo que conocemos, dejar atrás la Tierra y el Sol y seguir hasta que las estrellas empiecen a confundirse unas con otras y solo seamos capaces de ver el todo, el conjunto. Toca hacer un viaje intergaláctico.

CAPÍTULO 3
LA VÍA LÁCTEA

Los primeros modelos de la galaxia suponían que las estrellas debían de ser todas bastante parecidas entre sí y que se distribuían por el espacio de manera más o menos uniforme. La realidad es muy diferente: hay estrellas que son 10 veces más pequeñas o 10 veces más grandes que el Sol, y hay estrellas que brillan con un intenso azul y otras que emiten una débil luz roja. Estos modelos galácticos solían considerar la Vía Láctea como un elipsoide achatado (una especie de balón de rugby con las puntas redondeadas) y situaban el Sol en su centro o, al menos, cerca de él. El modelo presentado por el astrónomo holandés Jacobus Kapteyn en 1922 daba a nuestra galaxia (y al universo conocido, pues se creía que no había nada más allá) un tamaño de unos 8.500 años luz. A partir de esta distancia, la cantidad de estrellas observada disminuía considerablemente. Sin embargo, todo esto no acababa de cuadrar con el hecho de que, al parecer, la densidad de estrellas y de glóbulos estelares (agrupaciones especialmente densas de estrellas) aumentaba en dirección a la constelación de Sagitario y disminuía en la dirección opuesta. Es decir, si el Sol estaba en el centro de la galaxia, deberíamos ver la misma cantidad de estrellas en todas direcciones, pero no era eso lo que observábamos.

Todo esto comenzó a cambiar gracias a las medidas de Henrietta Swan Leavitt. Ella estudió el brillo de las estrellas conocidas como cefeidas. Estas estrellas reciben su nombre por la primera de este tipo que se estudió en profundidad, Delta Cephei. Son estrellas binarias que, al orbitarse, se eclipsan, lo que hace que varíe el brillo total que observamos desde la Tierra.

HENRIETTA LEAVITT

Es decir, cuando la estrella pequeña no oculta a ni es ocultada por la estrella grande, medimos un valor máximo para el brillo. Por otro lado, cuando la estrella pequeña está justo delante o justo detrás de su compañera mayor, al producirse un pequeño eclipse, medimos un brillo menor. Esto se repite con cada órbita de la estrella pequeña alrededor de la estrella grande (o, más bien, del punto alrededor del cual orbitan ambas). Estas variaciones de brillo son, por tanto, periódicas y se repiten cada cierto tiempo.

Henrietta Swan Leavitt midió el periodo de 25 estrellas cefeidas de la Gran Nube de Magallanes (que en la actualidad sabemos que es una galaxia más pequeña que la nuestra y que orbita a la Vía Láctea). Al estar todas las estrellas en la misma «nebulosa» podía considerarse que su distancia a la Tierra era básicamente la misma. Con esto, Leavitt comprobó que la luminosidad de estas estrellas estaba relacionada con el periodo de oscilación de su brillo, de forma que sabiendo dicho periodo podríamos calcular la luminosidad. Ahora solo nos quedaba medir la distancia a una estrella cefeida y obtendríamos una regla cósmica capaz de darnos la distancia a todas esas nebulosas que veíamos en el cielo, o al menos a las nebulosas que contuvieran estrellas cefeidas.

Pero esto resultó bastante complicado de conseguir, hasta que en 1925 Edwin Hubble publicó sus resultados tras observar varias cefeidas en las galaxias de Triángulo y Andrómeda. Esta última es, junto con nuestra propia galaxia, la más grande y brillante de nuestro vecindario galáctico, conocido como Grupo Local (formado por más de 100 galaxias). Hubble calculó que estas galaxias debían de estar a casi 1 millón

EDWIN HUBBLE

ÁTOMO

de años luz de distancia, aunque más tarde se vería que la distancia real era más del doble. Esta grandísima cantidad bastó para demostrar que debían de existir objetos más allá de los confines de nuestra galaxia. Utilizando sus descubrimientos, pudo extender sus medidas a galaxias cada vez más lejanas, lo que reveló que algunas de ellas debían encontrarse a 200 millones de años luz de distancia. En una década el universo pasó de tener decenas de miles de años luz de tamaño a tener, como mínimo, cientos de millones de años luz de tamaño.

Pero el descubrimiento más importante de Edwin Hubble sería otro. Además de constatar que había miles de galaxias más allá de los confines de la Vía Láctea, descubrió que estas galaxias se alejaban de la nuestra. Y no solo eso, sino que se alejaban a mayor velocidad cuanto más lejos estaban. Pero ¿cómo podemos medir la velocidad de objetos tan lejanos? Basta con analizar la luz que recibimos de ellos. Para entenderlo vamos a tener que hablar de dos conceptos: los espectros atómicos y el efecto Doppler.

A grandes rasgos, un átomo consiste en un núcleo muy denso y pequeño formado por cierta cantidad de protones y neutrones y una nubecilla de electrones que orbita alrededor de dicho núcleo, prácticamente vacía pero enorme en comparación con la parte central.

Aunque utilice el verbo «orbitar» para describir el comportamiento de los electrones alrededor del núcleo, la verdad es que su comportamiento no se parece en nada a las órbitas de los planetas alrededor del Sol. La imagen de una nube se acerca más a la realidad. Pero eso no es lo que nos importa aquí. Por la física cuántica sabemos que estos electrones no pueden tener cualquier «órbita» alrededor del núcleo, sino que solo pueden tomar órbitas con ciertas energías. La energía de un electrón ligado a un núcleo solo puede tomar ciertos valores y decimos que está cuantizada.

Si uno de estos electrones gana energía mediante un choque con otro electrón o absorbiendo otra partícula, podrá saltar hasta una «órbita» (o nivel) superior, con más energía. Más tarde podrá volver a caer, emitiendo el exceso de energía en forma de luz. Pero no cualquier luz, sino luz con exactamente la misma energía que la diferencia entre el nivel superior y el nivel inferior. Además, cada átomo tendrá niveles diferentes, con energías distintas. Por consiguiente, analizando la energía de la luz emitida por un gas cuando está caliente podremos saber su composición química. El hidrógeno emitirá una luz concreta y muy diferente a la que emitirá el nitrógeno o el fósforo. Esto es lo que se conoce como espectros atómicos. Gracias a estos espectros podemos conocer la composición de estrellas, planetas o galaxias enteras.

Por otro lado, tenemos el efecto Doppler. Este efecto nos resulta familiar para las ondas del sonido, pero también afecta a las ondas de la luz. Cuando escuchamos la sirena de una ambulancia o de un coche de policía, o el pitido de un tren o de cualquier objeto en movimiento, percibimos que el sonido que escuchamos cambia cuando el objeto se acerca o se aleja de donde estamos. Esto es lo que se conoce como efecto Doppler y tiene una explicación muy sencilla: cuando el tren o la ambulancia estén quietos emitirán ondas de sonido en todas direcciones, creando frentes de onda circulares y concéntricos entre sí. Estos círculos representan puntos de la onda que están en fase. Si fueran las olas del mar, se diría que estos círculos representan las crestas de las olas, por ejemplo. Cuando el emisor del sonido se pone en movimiento, las ondas se seguirán emitiendo de manera circular, pero cada frente de onda se emitirá desde una posición diferente, por lo que los frentes de onda se apelotonarán por delante, en la dirección en que se mueva el emisor, y se alejarán por detrás.

Por tanto, si la ambulancia se acerca a nosotros, percibiremos un sonido de mayor frecuencia, un sonido más agudo, y si se aleja, un sonido de menor frecuencia, un sonido más grave. Lo mismo ocurre para la luz. Cuando la fuente de luz (sea esta una bombilla o una estrella) se aleja de nosotros, los frentes de luz (las crestas de la ola) se alejarán y detectaremos una luz de frecuencia menor. De entre la luz visible, la luz que conforma el arcoíris, la luz roja es la de menor energía (y, por consiguiente, menor frecuencia), mientras que la luz violeta o azulada es la de mayor energía (y mayor frecuencia). De este modo, si una galaxia se aleja de nosotros y su luz tiene menor frecuencia de la que debería, toda su luz será más «rojiza». Este comportamiento lo conocemos como desplazamiento al rojo. El efecto contrario, el que observamos si la fuente de luz se acerca a nuestra posición, sería el desplazamiento al azul de su luz. Por supuesto, cuanto más rápido se acerque o se aleje esa fuente de luz, más exagerado será el desplazamiento.

En definitiva, Hubble descubrió un desplazamiento al rojo de los espectros atómicos de las galaxias que observó. Además, estos espectros estaban más desplazados cuanto más alejadas estaban las galaxias. Esto indicaba, sin lugar a dudas, que el universo estaba en expansión, es decir, que, con el tiempo, las galaxias que observamos en el cielo se irán alejando más y más. También significaba que en el pasado estuvieron más juntas que en la actualidad. De hecho, si rebobináramos la película del universo, en algún momento llegaríamos a un punto en el que todas las galaxias estaban juntas. Y, si rebobináramos todavía más, se revelaría que todo el universo estuvo una vez concentrado en un solo punto, a partir del cual se expandió hasta su estado actual. Así, puede afirmarse que las observaciones de Edwin Hubble sobre la velocidad de las galaxias fueron el origen de la teoría del Big Bang.

He dicho anteriormente que todas las galaxias observadas por Hubble parecían alejarse de la Tierra, pero eso no es del todo cierto. La grandísima mayoría de las galaxias del universo sí muestran este comportamiento, pero no las galaxias que pertenecen al Grupo Local. De la expansión del universo y de sus causas y consecuencias hablaré con más detalle en el capítulo dedicado a la energía oscura. Aquí simplemente diré que la gravedad solo es capaz de contrarrestar esta expansión para las galaxias más cercanas entre sí. Por tanto, las Nubes de Magallanes, Andrómeda o la galaxia del Triángulo permanecerán en nuestro vecindario cósmico durante muchos miles de millones de años más. De hecho, no solo no se alejan, sino que parecen estar acercándose entre sí.

Unos 30 años después de que Hubble hiciera sus famosos descubrimientos, averiguamos que Andrómeda y la Vía Láctea se estaban acercando y podrían, en un futuro, llegar a colisionar. Observaciones recientes más precisas, junto con simulaciones por ordenador, nos han llevado a confirmar esta predicción. Andrómeda se encuentra actualmente a unos 2 millones de años luz de distancia de la Vía Láctea y creemos que dentro de unos 4.000 millones de años los núcleos de ambas galaxias chocarán, fusionándose y dando lugar a una nueva galaxia, Lactómeda.

Andrómeda es una de las pocas galaxias que puede observarse a simple vista. Lo que impide verla, a decir verdad, es su débil brillo (y la contaminación lumínica, claro), más que su tamaño. Andrómeda, vista desde la Tierra, es varias veces más grande que la Luna. Si su brillo fuera mayor, podríamos disfrutar de ella cada noche. Sin embargo, esto no siempre será así. Con el paso del tiempo, la galaxia de Andrómeda irá expandiéndose en el cielo, creciendo en tamaño y también en brillo, hasta que ocupe por completo nuestro cielo nocturno. Cuando esto suceda tendremos una galaxia literalmente cayéndonos encima.

Pero no tienes de qué preocuparte, ya que, por suerte o por desgracia, dentro de 4.000 millones de años no seguirás con vida (de hecho, es probable que los seres humanos hayamos desaparecido por completo). Pero aun quienes vivan en aquel futuro tan lejano no tienen por qué entrar en pánico: aunque las galaxias choquen, sus estrellas no lo harán. Puede parecer extraño, pero la grandísima mayoría del espacio que ocupa una galaxia está vacío u ocupado por nubes gigantescas de gas. Si el Sol tuviera el tamaño de una canica, la estrella más cercana sería otra canica a varios cientos de kilómetros de distancia.

Quienes sí chocarán son los agujeros negros supermasivos que ocupan el centro de ambas galaxias. Estos agujeros negros, que acumulan masas de millones de veces la masa de nuestro Sol (unos 4 millones en el caso de la Vía Láctea y más de 100 millones en el caso de Andrómeda), acabarán fusionándose para formar un objeto todavía mayor, que habitará el centro de la nueva galaxia formada tras el choque. Durante este choque se expulsarán cantidades enormes de energía en forma de ondas gravitatorias.

También chocarán las mencionadas nubes de gas y polvo de ambas galaxias, lo que dará lugar a miles de millones de nuevas estrellas, que nacerían como resultado directo de esta colisión. La galaxia resultante sería un auténtico monstruo que albergaría medio billón (500.000 millones) de estrellas y que perdería por completo la actual estructura espiral de las dos galaxias, pasando a ser una galaxia elíptica, como muchas otras que observamos en el universo.

Llevamos ya tres capítulos haciendo un viaje literal, partiendo de la Tierra y alejándonos hasta abarcar el universo entero, con sus incontables galaxias. ¿Dónde podríamos ir ahora? No seguiremos quitándole zoom a nuestra visión, porque, que sepamos, no hay más universos que el que habitamos y, aunque hay teorías que proponen la existencia de otros, la realidad es que, tal como los entendemos, esos universos son virtualmente inaccesibles, por lo que nada de lo que ocurra aquí puede afectar allí, y viceversa. Esto significa que, científicamente hablando, no tienen demasiado interés... y aquí estamos para hablar de ciencia. Nuestro viaje tomará ahora un carácter más conceptual y, en vez de visitar nuevos rincones del universo, nos adentraremos en distintas formas de entender e interpretar ese nuevo universo. Concretamente, en la nueva física que nació a principios del siglo xx, revolucionando todo lo conocido hasta entonces y ocasionando un quebradero de cabeza a más de una mente pensante.

CAPÍTULO 4
MATERIA OSCURA

Cuando observamos el universo a través de nuestros telescopios vemos objetos muy diversos: planetas, galaxias, nebulosas, estrellas o discos de acreción alrededor de agujeros negros. Todos estos astros podemos verlos porque en algún momento emitieron o reflejaron luz que ha cruzado la inmensidad del espacio hasta llegar a nuestros ojos. Además, todos ellos están formados por combinaciones de multitud de partículas subatómicas exactamente iguales a las que componen una nube, un lápiz o las células de tu cuerpo. Es decir, todas las estrellas, galaxias y nebulosas del universo están formadas por combinaciones de electrones, protones, neutrones y demás partículas. Pero ¿y si hubiera algo más cuya presencia fuéramos capaces de percibir pero que no emitiera luz y, por tanto, no pudiéramos observar con nuestros instrumentos?

Eso es precisamente la materia oscura. En la actualidad aún no sabemos exactamente qué es, de qué está hecha, pero sus propiedades hacen que se comporte como la materia ordinaria, creando y viéndose afectada por la gravedad de los objetos que la rodean. Sin embargo, hay algo que la diferencia de la materia ordinaria: es incapaz de interactuar con la luz, esto es, ni la emite, ni la absorbe, ni la refleja. Eso significa que no podemos verla con nuestros telescopios, sean estos de luz visible, de ondas de radio o de rayos X.

Pero entonces, si no somos capaces de verla, ¿cómo podemos asegurar que realmente existe? Muy sencillo, midiendo su efecto en el resto de los objetos del universo. La historia de la materia oscura empezó en la misma década en la que Leavitt y Hubble medían la distancia a distintas galaxias. Otros científicos como Ernst Öpik y Kapteyn se propusieron conocer más detalladamente nuestros alrededores, estudiando el pedacito de la Vía Láctea en el que nos ha tocado vivir. Ellos, específicamente, querían medir cuánta masa acumulaban entre todas las estrellas de una región concreta. Para ello midieron las velocidades de las distintas estrellas del entorno. Esto es equivalente a medir la masa del Sol estudiando cómo se mueven los distintos planetas a su alrededor. El resultado fue que la masa obtenida para esta región de la galaxia concordaba bastante bien con la que podía observarse directamente.

Esto mismo estudió Fritz Zwicky en la década de 1930, aunque, en vez de centrarse en unos cientos de estrellas que eran parte de una galaxia, él estudió el cúmulo de Coma, una agrupación de varios cientos de galaxias. Usando la luz proveniente de las galaxias más brillantes, midió la velocidad a la que se

FRITZ ZWICKY

movían dentro del cúmulo y se dio cuenta de que esta era tan alta que las galaxias deberían haber salido despedidas en vez de seguir unidas gravitacionalmente. Si de repente hiciéramos que la Tierra se moviera varias veces más rápido, nuestro planeta saldría despedido del sistema solar y dejaría de orbitar alrededor del Sol. Esta velocidad mayor de lo esperado le indicó a Zwicky que en el

cúmulo de Coma debería de haber alrededor de cien veces más masa de la que podíamos observar directamente. Esta masa debía de estar formada por algún tipo de materia que no podemos ver, a la que Zwicky dio el nombre que aún usamos a día de hoy.

Sus descubrimientos fueron ignorados durante más de 30 años, hasta que las observaciones de Vera Rubin durante los años setenta del siglo pasado empezaron a mostrar problemas similares. Ella estudió cómo rotan las galaxias. Basándonos solo en la luz que emiten, esperaríamos que la mayor parte de las estrellas de una galaxia estuvieran en torno a su centro y que su cantidad disminuyera considerablemente al alejarnos de este. Por tanto, esperaríamos que las estrellas centrales orbi-

VERA RUBIN

taran a gran velocidad alrededor del centro galáctico y que las más exteriores orbitaran con más lentitud. No obstante, Rubin encontró que la velocidad de estas estrellas no disminuía con la distancia y que las estrellas más periféricas orbitaban con velocidades similares. Volvía el problema que encontró Zwicky: si la masa de la galaxia era medida a partir de la luz observada, entonces esas estrellas deberían salir despedidas, porque la gravedad de la galaxia no sería suficiente como para mantenerlas atadas. En consecuencia, había masa que no éramos capaces de ver.

Estos descubrimientos se vieron reforzados por las observaciones de lentes gravitatorias. De la misma forma que podemos usar una lente de vidrio para desviar y concentrar la luz del Sol, también podemos usar grandes campos gravitatorios (como los generados por una galaxia entera o un cúmulo de galaxias) para desviar y concentrar la luz proveniente de otras galaxias. Una de las fórmulas más famosas de la historia, $E=mc^2$, nos dice que la energía y la masa son equivalentes, de modo que la gravedad también afectará a los cuerpos sin masa, pero con energía, como es la luz. Usando estas lentes gravitatorias, que consisten en cúmulos de galaxias relativamente cercanos capaces de concentrar la luz proveniente de otras galaxias situadas en la misma dirección pero a una distancia mucho mayor, hemos podido medir la masa de esos mismos cúmulos de galaxias. Los valores obtenidos son varias veces mayores de lo que esperaríamos considerando solo la materia que podemos ver directamente. Una vez más, parece que falta masa.

Además de las lentes gravitatorias y las velocidades de estrellas y galaxias, muchas otras observaciones nos indican, sin lugar a dudas, que tenemos un problemita, y es que parece que el universo está lleno de algo que somos incapaces de ver, pero cuyos efectos gravitatorios resultan más que evidentes. Concretamente, nos dicen que hay unas 5 veces más materia oscura que materia ordinaria y que esta parece estar presente en prácticamente cualquier galaxia en la que busquemos. Entonces la pregunta que debemos responder a continuación es esta: ¿de qué está compuesta la materia oscura?

Las decenas de propuestas diferentes pueden clasificarse en tres grupos distintos: objetos oscuros, nuevas partículas y sutilezas teóricas. Los objetos oscuros y las nuevas partículas reciben nombres curiosos según sus siglas en inglés. A los primeros se los conoce como MACHO (objetos masivos de halo compacto), mientras que a las segundas se las llama WIMP (partículas masivas débilmente interactuantes). Estos dos acrónimos podrían traducirse como «machote» y «endeble», respectivamente. Dejando a un lado el mal gusto a la hora de elegir nombres, veamos en qué consisten estas propuestas.

Los MACHOs serían la opción más conservadora de todas, pues consistirían en precisamente eso: materia que no emite luz. Es decir, grandes cantidades de polvo muy frío o agujeros negros. Aunque podrían suponer un pequeño porcentaje de la materia oscura, es muy poco probable que supongan la contribución principal. La existencia de estos objetos en las cantidades necesarias para explicar la materia oscura no cuadraría con lo que conocemos de los primeros instantes del universo, unos instantes en los que se sintetizaron los elementos iniciales y se decidió la estructura a gran escala del cosmos.

Las WIMPs vienen en muchos tipos y formatos distintos, pero consisten generalmente en partículas completamente diferentes a las que conocemos, que no interaccionan eléctricamente sino tan solo gravitacionalmente y, tal vez, a través de la interacción débil. Esta interacción es una de las cuatro interacciones fundamentales junto con las interacciones gravitatoria, electromagnética y fuerte. Las dos primeras ya las conoces. La interacción gravitatoria explica que la Tierra orbite alrededor del Sol, mientras que la electromagnética es la base de toda la química y la que hace posible la existencia de un imán. La interacción fuerte afecta solo a los componentes de protones y neutrones, llamados quarks, y es la que posibilita que los núcleos atómicos permanezcan unidos a pesar de la repulsión electromagnética entre protones. La interacción débil es la única (además de la gravedad) que afecta a los neutrinos. Es tan débil que les permite atravesar nuestro cuerpo e incluso nuestro planeta sin inmutarse ni interactuar apenas con otras partículas. Los neutrinos están descartados como posible materia oscura por ser demasiado ligeros, pero otras partículas similares sí podrían cumplir esta función.

Para encontrarlas tenemos dos opciones: crearlas en nuestros aceleradores de partículas o detectarlas cuando caigan a la Tierra. Ambas son increíblemente complicadas.

Por una parte, hemos dicho que estas partículas apenas interaccionan con el resto de la materia; de este modo, un neutrino puede atravesar una placa de plomo de un año luz de grosor sin interactuar con ninguno de sus átomos. Aun así, somos capaces de localizarlas en nuestros detectores por la ingente cantidad de ellos que nos alcanzan cada segundo. La materia oscura podría ser incluso más elusiva y en principio no estaría presente en esas cantidades en el entorno del sistema solar. Por ello hasta hoy aún no se ha conseguido una detección directa de una partícula de materia oscura.

La tercera opción, la de las sutilezas teóricas, nos indica que tal vez esas anomalías gravitatorias que detectamos no estén escondidas entre las galaxias, sino que se deban a problemas con nuestra comprensión de la gravedad. En la actualidad, pensamos que los efectos de la gravedad son exactamente iguales hablemos de lunas y planetas o de galaxias y cúmulos de galaxias, pero esto no tiene por qué ser así, como propuso Mordehai Milgrom (y más gente desde entonces) en 1983. Las diferentes propuestas que intentan describir la materia oscura de esta forma suelen conocerse como teorías de gravedad modificada.

La teoría que usamos hoy día para describir la gravedad es la relatividad general, desarrollada inicialmente por Albert Einstein. Pensamos que esta teoría no tendría que ser definitiva, pues no es capaz de integrarse con la física cuántica. Es decir, pensamos que debería existir una teoría mejor, que aún no hemos encontrado. A pesar de ello, la relatividad general funciona extraordinariamente bien. Por ejemplo, esta teoría predijo la existencia de los agujeros negros y las ondas gravitatorias décadas antes de que se observaran por primera vez. Recientemente, uno de los ganadores del Premio Nobel de Física de 2020, Reinhard Genzel, y su equipo estudiaron en detalle los alrededores del agujero negro supermasivo que ocupa el centro de la Vía Láctea. Observaron las estrellas que orbitan este astro, algunas de las cuales llegan a pasar a menos del doble de la distancia que separa a nuestro Sol de Plutón y viajando a casi 9.000 kilómetros por segundo. En su estudio pusieron a prueba la relatividad general en uno de los test más exigentes que se le pueden pedir, test que pasó con éxito y sin despeinarse.

Hay quien opina que, a pesar de esto, la gravedad podría comportarse de manera ligeramente diferente a como nos indica la relatividad general, sobre todo en la escala de galaxias y cúmulos de galaxias. También hay quien opina que, si encontráramos una teoría cuántica de la gravedad, esta podría explicar todos estos comportamientos que atribuimos a la materia oscura. Una teoría cuántica de la gravedad es imprescindible que funcione tan bien como la actual. En las últimas décadas, esta propuesta no ha tenido mucho apoyo en la comunidad científica como posible explicación al problema de la materia oscura, pero nuevos desarrollos teóricos en los últimos años parecen estar despertando un nuevo interés por ella.

Con todo, y aún sin saber a ciencia cierta qué es, la materia oscura parece aportar unas 5 veces más que la materia ordinaria al contenido del universo. Al parecer, los electrones, protones, fotones y demás partículas que componen los planetas, estrellas, agujeros negros y galaxias solo son el 15% de toda la materia existente. La materia oscura sería el 85% restante. Por tanto, sea lo que sea, parece importante entenderlo en profundidad si queremos afirmar que conocemos el universo en el que vivimos. También parece importante todo lo demás, constituido por la protagonista de la siguiente parada en nuestro viaje: la energía oscura.

CAPÍTULO 5
ENERGÍA OSCURA

La historia de la energía oscura empezó también hace un siglo, aunque tuvo que pasar más tiempo hasta que se detectó que una pieza del puzle no encajaba. La energía oscura está estrechamente relacionada con la expansión del universo. Ya comentamos en el tercer capítulo que esta expansión fue descubierta en la década de 1920 por Edwin Hubble, quien observó que la gran mayoría de las galaxias estudiadas se alejaban de la nuestra y que, además, se alejaban a mayor velocidad cuanto más lejos de la Tierra estaban.

Estas y otras observaciones fueron, de hecho, el fundamento que apoyó la teoría del Big Bang. La teoría defiende que el universo empezó siendo una región inimaginablemente diminuta, densa y caliente, región que no pudo evitar expandirse con tanta inercia como para seguir expandiéndose durante los últimos 13.800 millones de años.

Sabido esto, es natural preguntarse por el presente y el futuro de dicha expansión. ¿Seguirá el universo creciendo eternamente o llegará a detenerse la expansión algún día? Si llega a detenerse, ¿volverá a contraerse el universo? ¿Caerá sobre sí mismo, volviendo a su estado inicial?

No teníamos respuestas definitivas a estas preguntas hasta hace poco más de dos décadas, lo que, por supuesto, no nos impidió formular teorías. Una de ellas propone que la gravedad de toda la materia (oscura y ordinaria) acabará frenando la expansión del universo y este, en un futuro muy lejano, se contraería sobre sí mismo, un fenómeno que recibe el nombre de Big Crunch. Esta teoría y otras similares fueron desechadas definitivamente a finales del siglo XX gracias al descubrimiento de la energía oscura.

Quienes iniciaron las observaciones que llevaron a este descubrimiento no sospechaban que sus investigaciones desembocarían en él. A finales de los años ochenta del siglo pasado, dos grupos de investigación iban buscando nuevas formas de medir la distancia a las galaxias más lejanas conocidas. La idea era buscar algún método similar al de las estrellas cefeidas que ya comentamos, pero capaz de darnos mayor precisión en las medidas más extremas. Para ello necesitaban hallar objetos mucho más luminosos, que pudieran detectarse aun cuando formaran parte de una galaxia a cientos o miles de millones de años luz de distancia. Estos objetos acabaron siendo las explosiones de supernova, que están entre los fenómenos más luminosos del universo. Hay dos mecanismos diferentes que pueden dar lugar a una supernova.

El primero de ellos ocurre en estrellas dobles. En la mayoría de los casos estas estrellas tendrán una masa diferente. Puesto que la evolución de una estrella depende principalmente de su masa, nuestro par de estrellas evolucionará a ritmos diferentes. La más masiva de las dos agotará antes su combustible y llegará antes a la fase de gigante roja. En esta fase sus capas exteriores se hincharán y acabarán saliendo despedidas, dejando atrás un pequeño núcleo muy denso, conocido como una enana blanca. Muchos millones de años después, cuando la pequeña de la pareja alcance por fin esta fase de gigante irá vertiendo parte de su envoltorio sobre la enana blanca, hasta que la masa de esta sea tan grande que los electrones no sean capaces de soportar las fuerzas cuánticas (descritas por el principio de exclusión de Pauli) que servían como último pilar de apoyo. Llegado este momento la estrella implosionará, cayendo sobre sí misma. El rebote de las capas más externas y ligeras será tal que dará lugar a lo que desde la Tierra observamos como una explosión de supernova.

El segundo mecanismo es más directo, aunque solo accesible a las estrellas verdaderamente masivas. Estas estrellas, con unas 8 veces la masa de nuestro Sol como mínimo, llegarán a fusionar en sus núcleos elementos cada vez más pesados, hasta que lleguen a los propios límites de la física. Si intentamos fusionar núcleos para dar lugar a elementos más allá del hierro, dejaremos de ganar energía en el proceso y empezaremos a perderla. Llegado este momento, la estrella se derrumbará sobre sí misma, pues habrá desaparecido la presión interna que la mantenía hinchada. Como en el caso anterior, el rebote de las capas más ligeras provocará uno de los fenómenos más energéticos del universo, tan energéticos que estas explosiones son prácticamente los únicos procesos capaces de procesar elementos químicos pesados como el oro, el plomo o el uranio. Además, las supernovas suelen superar en brillo a la galaxia que las alberga, aunque sea tan solo por unos días. Pues bien, las supernovas del primer tipo terminaron por convertirse en el fenómeno elegido como nueva escala de medida.

La observación de estas supernovas pronto empezó a dar frutos. En 1992 se detectó una supernova presente en una galaxia situada a 4.700 millones de años luz. Esta galaxia estaría tan alejada de nuestro sistema solar que la luz detectada se emitió unos 100 millones de años antes de que se formara la Tierra. A lo largo de la década de 1990, se fueron detectando supernovas similares en galaxias realmente distantes, dibujando un mapa del universo antiguo que parecía mostrar algo espectacular. En enero de 1998 se anunció el resultado de estas observaciones. Todos los datos recogidos indicaban que no solo la expansión del universo no estaba siendo frenada por la gravedad, sino que esta expansión estaba acelerándose. El universo cada vez se expande a mayor ritmo y esto no hará más que acentuarse en el futuro. Curiosamente esta aceleración, tan inesperada *a priori*, podía explicarse con un término que había sido creado para intentar justificar una evolución del universo radicalmente distinta.

Albert Einstein añadió un término a las ecuaciones de su relatividad general, la teoría que explica que la gravedad se debe en verdad a la curvatura del espaciotiempo, para intentar contrarrestar la contracción que ocurriría en un universo que no empezó con un Big Bang ni dominado por la gravedad. Años más tarde, en vista de los descubrimientos de Hubble y otros, se arrepintió de haber añadido ese término a sus ecuaciones y lo consideró uno de los mayores errores de su carrera científica. Recibió el nombre de constante cosmológica y hoy en día representa lo que entendemos como energía oscura.

La relatividad general es una de las teorías más complejas y precisas de la física actual. Esta teoría afirma algo muy bello: que es la masa de los objetos la que indica al espaciotiempo cómo debe curvarse y que es la curvatura del espaciotiempo la que determina en a los objetos cómo deben moverse.

Todo esto, más que resolver nuestras dudas, nos plantea muchas más. Esta constante cosmológica, en el mundo real, se manifestaría como una especie de energía presente en todo el universo, incluso allí donde aparentemente no hay nada. La citada energía debería ser ridículamente pequeña, pero al considerar todo el cosmos se acumularía hasta provocar la expansión acelerada del universo. Para entender el comportamiento del universo a gran escala tenemos que acudir a la física de lo más pequeño, a la física de partículas.

Existe un principio muy importante en física cuántica, el llamado principio de indeterminación de Heisenberg, que afirma que a nivel fundamental hay ciertas propiedades de las partículas conectadas de dos en dos y que no podemos conocer simultáneamente con tanto detalle como queramos. Esta limitación no está en nuestros instrumentos de medida, sino en las propias leyes de la naturaleza. Suele hablarse de este principio con relación a la posición y el momento lineal de una partícula, aunque este principio también se aplica a la energía y el tiempo.

Este principio defiende, por tanto, que, si observamos un sistema durante un tiempo muy pequeño, su energía tendrá una indeterminación enorme, es decir, que bien podrá ser diminuta o enorme. El sistema que nos interesa ahora es el propio espacio vacío. La física cuántica sostiene que, considerando tiempos increíblemente pequeños, la energía del espacio vacío puede llegar a ser tan grande como para formar partículas a partir de dicha energía, partículas que deberán desintegrarse casi instantáneamente de nuevo en energía.

Esto podría parecer una fantasiosa invención de la teoría, pero la realidad es que se puede comprobar su existencia con relativa facilidad, como ocurre con el efecto Casimir. Es un efecto que explica la fuerza que sienten dos placas metálicas separadas por una distancia muy pequeña. Esta fuerza es debida precisamente a estas partículas virtuales (llamadas así porque desaparecen antes de que podamos detectarlas de forma directa). Aunque, como hemos dicho, exista cierta probabilidad de que estas partículas se creen de manera espontánea, la probabilidad de que esto ocurra será ínfima, dado que hay apenas unas pocas partículas virtuales por cada pedacito de universo. Cuando repartimos la energía que crea estas partículas entre todo el espacio, obtenemos lo que se conoce como energía del vacío. Esta sería la energía de un trozo cualquiera de universo en el que no hay, en principio, absolutamente nada: ni átomos, ni fotones de luz... ni siquiera materia oscura. Al intentar calcular esta energía usando nuestras teorías obtenemos un valor que es 120 órdenes de magnitud mayor del obtenido en los experimentos. Es decir, la predicción teórica tiene 120 ceros

más que el resultado experimental. Esta es la mayor diferencia entre un resultado teórico y experimental de toda la física y toda la ciencia. Significa, en suma, que alguna de nuestras premisas es incorrecta. Muy incorrecta. De momento no sabemos cuál.

Si volvemos a calcular la energía media de un pedacito de universo cualquiera, pero esta vez considerando todo el contenido del universo, desde estrellas y galaxias hasta toda la energía y materia oscura, nos damos cuenta de algo sorprendente: esta constante cosmológica, correspondiente a lo que llamamos energía oscura, supone aproximadamente un 68 % de la energía total del universo. O, lo que es lo mismo, 2 de cada 3 unidades de energía en el universo corresponden a la energía oscura. El resto estaría formado por materia. Concretamente, la materia oscura supone un 27 % del contenido del universo, y el 5 % restante son los átomos que forman todo lo que podemos ver. Esta medida de la energía de un pedacito de universo cualquiera recibe el nombre de densidad de energía del universo. Por su parte, esta densidad de energía equivaldría a tener algo menos de 6 protones por cada metro cúbico de nuestro universo, de los cuales solo 0,3 serían protones «reales», puesto que todo lo demás sería energía y materia oscura. El universo está prácticamente vacío y lo poco que hay no lo entendemos.

Una vez más la ciencia nos muestra un universo mucho más grande que nuestro planeta, nuestro Sol o incluso nuestra galaxia. Y, aunque podría pensarse que somos especiales porque estamos compuestos de algo muy raro en el universo, lo que llamamos materia ordinaria, la realidad es que esta materia ordinaria es la única capaz de formar átomos, moléculas y demás. La única capaz de formar planetas y estrellas y, por consiguiente, la única de la que podríamos llegar a estar formados los seres humanos.

Casi termina nuestro viaje a los límites del conocimiento y de la autoconcepción humana. Pero aún nos queda una última parada.

CAPÍTULO 6
VIDA EXTRATERRESTRE

Hemos llegado a la última parada de este viaje figurado por el universo, viaje que nos ha llevado del mismísimo centro de la existencia hasta un barrio periférico humilde, tranquilo y sin especial trascendencia. Aun así, podríamos pensar que, a pesar de habitar un rincón poco destacable, a pesar de no ser el centro del universo, sí podemos ser o somos (hay gente muy optimista por ahí) el culmen de todo. Hay quien puede pensar que, aunque la Tierra no sea especial, los seres humanos sí lo somos. Al fin y al cabo, ningún otro animal es capaz de producir una película, de idear la teoría de cuerdas o de mandar a miembros de su especie a la Luna.

Eso sin duda significa que los seres humanos somos los más inteligentes de entre todos los organismos de la Tierra. Qué significa exactamente «ser inteligente» se lo dejamos a otros libros con un enfoque más biológico o

psicológico y les deseamos suerte, porque no es tarea fácil. Ser inteligentes no significa que seamos superiores o mejores. La evolución no tiene objetivos, no busca fuerza, rapidez o inteligencia como última meta. De la misma forma, un río no busca llegar al mar. Un río cae montaña abajo y desciende por el lugar que la gravedad y las deformaciones del terreno le permiten caer y lo hace sin conciencia ni motivaciones ocultas.

El ser humano desarrolló la inteligencia porque el arroyo de su evolución, que se separó hace unos millones de años del riachuelo del resto de los primates y mucho antes de los ríos del resto de los mamíferos, vertebrados, animales y eucariotas, solo ha podido sortear los obstáculos, caídas y accidentes así, no porque la inteligencia fuera un objetivo final. El objetivo era sobrevivir y la forma de hacerlo, al menos en los últimos millones de años, fue desarrollando un cerebro más grande.

Pero este capítulo no va sobre evolución humana, sino sobre ese descubrimiento científico que podría quitarnos una vez más, con suerte quizás de manera definitiva, la sensación de superioridad que ya fueron resquebrajando el resto de los descubrimientos comentados en estas páginas. Me refiero al descubrimiento, aún pendiente, de vida extraterrestre.

Pero ¿qué opina la ciencia de todo esto? ¿Podría aparecer la vida en algún otro planeta del sistema solar o de algún sistema lejano? Opina que sí, pero no de cualquier manera.

En primer lugar, si nuestro objetivo es encontrar vida más allá de nuestra atmósfera, tal vez sería útil definir qué es la vida exactamente. Resulta bastante fácil distinguir entre algo con vida y algo inerte, en principio. Una hormiga y un ejemplar de *Escherichia coli* están claramente vivos, mientras que una piedra o el fuego no lo están. En el colegio aprendemos que un ser vivo se alimenta, se reproduce, responde al medio y es capaz de mantenerse aislado de ese medio. Sin embargo, no todos los seres vivos cumplen estas características. Las mulas, por ejemplo, son incapaces de reproducirse, son estériles, pero no se nos ocurre decir que por ello no están vivas. Por otro lado, podríamos afirmar que el fuego se alimenta de combustible, se reproduce cuando encuentra nuevo material que quemar y responde al medio, pues no se comporta igual en un ambiente seco o húmedo. Definir la vida es claramente complicado.

Aunque no sepamos definir exactamente qué es la vida, sí podemos decir algunas cosas que la caracterizan. Por ejemplo, sabemos que los seres vivos somos capaces de almacenar, copiar y transferir información genética, que indicará a la siguiente generación cómo circular por el mundo. También sabemos que la vida es capaz de extraer energía del medio para mantener su estado de gran complejidad.

Esta energía la obtendrán los seres vivos mediante diferentes reacciones químicas, conocidas en conjunto como respiración. Con ella podrán sintetizar moléculas que se ocuparán de las diferentes funciones de mantenimiento. Algunas servirán como protección ante el exterior, otras transportarán nutrientes, otras almacenarán la información genética. Para conseguir esta increíble variedad de moléculas y procesos, la vida terrestre utiliza principalmente 4 tipos de átomos: hidrógeno, carbono, nitrógeno y oxígeno. Con esos 4 elementos es capaz de construir prácticamente toda su maquinaria. Pero ¿habría otra forma o es esta la única posible?

La molécula más común entre los seres vivos que habitan la Tierra es el agua, con diferencia. El agua está formada por la unión de dos átomos de hidrógeno con uno de oxígeno. En estado líquido sirve como solvente, permitiendo que el resto de las moléculas floten en ella y reaccionen químicamente. El agua es ideal en las condiciones de la Tierra porque aparece en estado líquido entre los 0 y los 100 grados centígrados, un rango de temperaturas presente en la mayoría de los ambientes y ecosistemas de nuestro planeta. No obstante, hay otras moléculas que podrían tener esa misma función en otros mundos.

El resto de las moléculas que forman un ser vivo corresponden a cadenas de átomos de carbono, de distintos tamaños y combinadas con diferentes cantidades de otros elementos (hidrógeno, oxígeno y nitrógeno en su mayor parte). Serían las proteínas, los lípidos, los glúcidos o los aminoácidos, entre otros. Se conocen en la actualidad unos 10 millones de compuestos químicos cuya base es el carbono, muchísimos más que para cualquier otro elemento. Esto es debido a que un átomo de carbono es capaz de formar cuatro enlaces bastante robustos con otros átomos, de modo que puede crear larguísimas cadenas, como las que conforman los cientos de proteínas diferentes que usa nuestro cuerpo para funcionar o las moléculas de ARN y ADN, con las que almacenamos y copiamos la información genética de nuestras células. Estas moléculas pueden llegar a contener millones de átomos

El silicio también puede formar cuatro enlaces con otros átomos, aunque estos resultan bastante más débiles. Aunque el silicio es menos común que el carbono en el universo, en el planeta Tierra ocurre al contrario. El 15 % de la masa de nuestro planeta se debe al silicio, más de 10 veces lo correspondiente al carbono. Por tanto, si ambos elementos fueran igual de capaces de constituir una química compleja que sirviera de maquinaria para la vida, sería esperable que el silicio se hubiera impuesto. Pero, al margen de formar enlaces mucho más débiles, existen otros problemas asociados con este elemento. Además, nuestra galaxia parece estar llena de compuestos orgánicos basados en el carbono, pero no en el silicio.

Se han detectado unas 130 moléculas diferentes en las nubes de gas y polvo que existen en el espacio interestelar de nuestra galaxia. Estos compuestos van desde los más simples, como el dióxido de carbono (CO_2), pasando por algunos un pelín más complejos, como el metanol (CH_3OH), hasta llegar a los hidrocarburos aromáticos policíclicos. Los compuestos, que consisten en anillos de carbono unidos entre sí, no son utilizados directamente en los procesos químicos de los seres vivos, pues podrían resultar tóxicos, pero sí pueden dar lugar a otros compuestos orgánicos más complejos y útiles.

Sin embargo, la verdadera fábrica extraterrestre de compuestos orgánicos no está en el medio interestelar, sino en los meteoritos. En un tipo de meteorito concreto, las condritas carbonáceas, se han encontrado compuestos complejos, algunos de los cuales son utilizados por la vida terrestre. En el meteorito Murchison, que cayó sobre Australia en 1969, se detectaron azúcares, los 5 nucleótidos que forman las moléculas de ADN y ARN de todos los seres vivos aquí en la Tierra (es decir, las 5 «letras» que escriben la información almacenada en estas moléculas) y hasta 70 aminoácidos diferentes. De entre estos aminoácidos solo 6 forman parte de nuestra bioquímica.

Todo lo que digamos actualmente sobre vida extraterrestre es especulativo es un gran quizá. Una buena forma de dar consistencia a nuestra especulación es estudiar los organismos terrestres que viven en ambientes parecidos a lo que esperamos encontrar ahí fuera. Sobre los exoplanetas que orbitan estrellas lejanas aún no conocemos lo suficiente, pero sí que sabemos que en nuestro sistema solar no hay ningún planeta cuyas condiciones se parezcan a las

de una suave mañana de primavera en un paraíso tropical. No obstante, creemos que la superficie de Marte podría parecerse a los hielos de la Antártida o que las profundidades de los océanos de Encélado o Europa (lunas de Saturno y Júpiter, respectivamente) serían como las chimeneas hidrotermales que encontramos en nuestros propios océanos. Los organismos que han hallado su hogar en estos ambientes reciben el nombre de extremófilos, pero la realidad es que eso de «extremo» es relativo. Para esos mismos organismos vivir en las costas del Caribe sería imposible.

En principio, los límites para la vida estarían en la frontera natural delimitada por las temperaturas de congelación y ebullición del agua. Pero en las condiciones apropiadas podemos encontrar agua líquida por debajo de 0 grados centígrados, gracias a altas concentraciones de sal, y por encima de los 100 grados, gracias a las altísimas presiones del fondo marino. Sabemos de cianobacterias que sobreviven en esta agua salada a −20 grados centígrados entre capas de hielo en la Antártida y se han encontrado arqueas que viven plácidamente a unos 110 grados en las cercanías de estas chimeneas hidrotermales. También se conocen microorganismos capaces de sobrevivir en condiciones extremas de acidez o salinidad. Pero, por supuesto, no solo los microorganismos participan en esta competición.

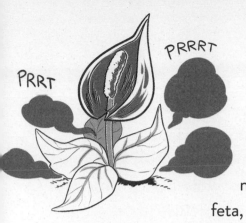

PRRT

PRRRT

Los grilloblatodeos son unos insectos que sobreviven en lo alto de montañas heladas, alimentándose de otros animales muertos. La col de mofeta, una planta norteamericana conocida por su mal olor, es capaz de sobrevivir bajo la nieve, descongelando sus alrededores con reacciones químicas.

Pero ninguno de estos extremófilos supera a los tardígrados, este filo de animales microscópicos, del que se conocen más de 1.300 especies diferentes, puede sobrevivir a casi cualquier ambiente. Se han encontrado en casi todos los ecosistemas terrestres, desde el ecuador a los polos y desde las profundidades marinas a la cima de montañas. Estos animales, que reciben el nombre de ositos de agua por su aspecto adorable, han sobrevivido al vacío y al frío del espacio, a temperaturas de hasta 150 grados centígrados (momentáneamente, aunque no podrían vivir allí) y altas presiones e incluso a grandes dosis de rayos X. Con estos testimonios, existe la esperanza de que quizá haya podido surgir algún tipo de vida sobre un cuerpo del sistema solar o de más allá.

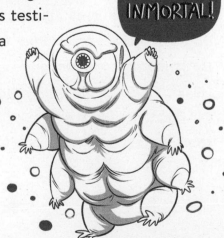

¡SOY INMORTAL!

A la hora de buscar señales de vida en exoplanetas tal vez sea necesario hacer una pequeña criba antes incluso de empezar. En la actualidad conocemos casi 5.000 planetas que orbitan alrededor de estrellas diferentes al Sol, cantidad que crecerá con la nueva generación de telescopios, como el James Webb. Para evitar perder el tiempo en planetas con condiciones verdaderamente inhóspitas para la vida, podemos usar varios criterios de habitabilidad. Estos nos ayudarán a descartar planetas como Mercurio o Plutón, tan cálidos o tan fríos que ni los extremófilos más resistentes podrían sobrevivir en ellos.

La mayoría de estos criterios pueden resumirse en el concepto de zona de habitabilidad. Esta sería la región alrededor de una estrella en la que podríamos encontrar un planeta con agua líquida sobre su superficie. La presencia o no de agua dependerá también de la atmósfera del planeta. Por ejemplo, los límites de la zona de habitabilidad del Sol estarían poco después de las órbitas de Venus y Marte, quedando por tanto fuera el primero y dentro el segundo. Sin embargo, aunque Venus estaría casi en la zona en la que podría tener agua líquida en su superficie, su gruesa atmósfera, considerablemente más densa que la terrestre y compuesta principalmente de dióxido de carbono, eleva las temperaturas hasta los 450 grados centígrados, por encima incluso de la temperatura media sobre la superficie de Mercurio. En Marte ocurre lo contrario. Su finísima atmósfera, que es unas 100 veces menos densa que la terrestre, no es capaz de retener apenas calor. Como resultado, la temperatura media en la superficie marciana está en torno a los −60 grados centígrados, equivalente a una agradable mañana de primavera en Teruel.

Además de la zona de habitabilidad estelar, también podemos definir la zona de habitabilidad galáctica. Esta sería la región de cualquier galaxia en la que pueden formarse estrellas y planetas aptos para la vida. En las regiones internas de una galaxia, la densidad de estrellas es mucho mayor a la que tenemos cerca del sistema solar. La mayor densidad hará que sean más probables explosiones cercanas de supernovas o que la radiación cósmica sea más peligrosa, dificultando la aparición y supervivencia de la vida. En las regiones exteriores, donde apenas hay estrellas, no habrá material suficiente como para formar planetas rocosos. Verás, en los primeros instantes del universo se formaron solamente átomos de hidrógeno y helio. Todos los demás elementos químicos se han formado en el interior de estrellas como nuestro Sol o en las explosiones de supernova, los únicos eventos donde pueden formarse elementos más pesados que el hierro. En estas regiones exteriores no habrá suficiente hierro, silicio, oxígeno o magnesio para formar planetas rocosos como el nuestro, donde la vida pueda surgir.

Con todo esto, ¿dónde esperamos encontrar indicios de vida presente o pasada? Mercurio está completamente descartado. No tiene atmósfera ni ningún tipo de líquido sobre su superficie; además, sus temperaturas son demasiado extremas. La superficie de Venus también queda fuera de toda consideración, por las altas temperaturas y presiones, aunque a unos 50 kilómetros de altura las condiciones de la atmósfera se asemejan a las de la superficie terrestre. Sin embargo, el desarrollo de una bioquímica suspendida en gases considerablemente menos densos que el agua resultaría complicada. Ese es el motivo por el que descartamos también a los cuatro gigantes del sistema solar. Estos planetas son básicamente atmósferas gigantescas y carecen de superficie sólida hasta bien llegados a su núcleo. Por esto, la mejor opción de entre los planetas del sistema solar sería Marte.

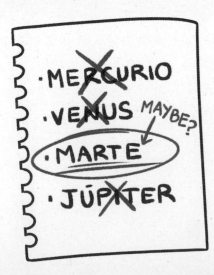

Aunque hoy día sea un desierto rojo, creemos que en la Antigüedad debió de tener mares y ríos de agua líquida. Estos probablemente solo duraron hasta hace unos 3.800 millones de años, pero aun así fue suficiente como para dejar accidentes geográficos que han durado hasta nuestros días. Marte está repleto de cañones esculpidos por el paso del agua y de zonas con todas las características de una región costera. La grandísima mayoría de esta agua se evaporó cuando Marte perdió su atmósfera. Digo «mayoría» y no «totalidad» porque pensamos que podría haber grandes cantidades de agua líquida bajo su superficie. Esta agua sería más parecida a un lodazal que a un plácido lago terrestre, pero aun así podría albergar vida. Ha sido observada cayendo en pequeñas cantidades colina abajo en algunas zonas del planeta rojo. Por tanto, no sería descabellado pensar que la vida hubiera podido surgir hace miles de millones de años sobre un Marte cubierto por agua y que esa vida haya sobrevivido en los lagos subterráneos hasta la actualidad, como sobreviven en nuestro planeta algunos organismos a kilómetros de profundidad bajo la superficie.

Por supuesto, la vida no solo podría aparecer en planetas, sino también sobre alguna de sus lunas. De entre los planetas rocosos interiores solo la Tierra y Marte tienen lunas, aunque las lunas de Marte creemos que podrían ser dos asteroides capturados hace varios millones de años, por su diminuto tamaño de apenas unos kilómetros de diámetro.

Sin embargo, en torno a los planetas gaseosos orbitan lunas de mayor tamaño y son estos objetos donde tal vez podríamos encontrar los primeros signos de vida alienígena.

Nuestra propia Luna y las que como ella no tienen atmósfera y son sólidas desde la superficie hasta el núcleo están descartadas. Con todo, hay otras lunas que podrían albergar océanos subterráneos de varios kilómetros de profundidad. Ya he nombrado antes Europa y Encélado, aunque otras también podrían contener cierta cantidad de agua, como Calisto y Ganímedes, que orbitan alrededor de Júpiter, o Tritón, la principal luna de Neptuno. Estos satélites compuestos en gran medida por hielo de agua tienen una superficie helada expuesta al frío del espacio. No obstante, la cercanía a los planetas gigantes que orbitan ha permitido mantener un núcleo caliente gracias a las fuerzas de marea.

Una de las lunas más interesantes de nuestro sistema solar es sin duda Titán, la luna más grande de Saturno y la única con una atmósfera apreciable. Además, Titán contiene lagos y ríos en su superficie que discurren por valles y cordilleras que bien podrían pertenecer a nuestro planeta. Estos lagos y ríos están formados de metano, compuesto que aparece en estado gaseoso en la Tierra pero que a los −172 grados centígrados de la superficie de Titán puede permanecer en estado líquido. El ciclo del agua que nos da nubes y lluvias en nuestro planeta podría repetirse allí con el metano de su superficie.

Cuando nos vamos a otros sistemas estelares a varios años luz de distancia, lo que podemos llegar a saber sobre los planetas que orbitan la estrella o estrellas centrales se reduce en gran medida. Con los métodos de los que disponemos hoy en día ya resulta difícil confirmar el tamaño y la masa de planetas más pequeños y es prácticamente inviable estudiar ningún aspecto de su posible atmósfera. A pesar de esto conocemos cientos de planetas de tamaño similar al nuestro, unas decenas de los cuales orbitan en la zona de habitabilidad de su estrella. En esta lista de planetas está nuestra mayor esperanza para encontrar vida extraterrestre y extrasolar. Algunos de estos exoplanetas han despertado especial interés.

La supertierra conocida como Kepler-452b es un planeta con un radio que es un 50 % mayor que el de la Tierra. Este exoplaneta orbita su estrella, muy parecida a nuestro propio astro, apenas más lejos que la distancia que separa a la Tierra del Sol y tarda solo 20 días más en hacerlo. Todo el conjunto se sitúa a unos 1.400 años luz del sistema solar y es uno de los mejores candidatos en cuanto a habitabilidad de entre las supertierras, exoplanetas rocosos más grandes que la Tierra.

KEPLER-4526B

TIERRA

También ha despertado gran interés el sistema TRAPPIST-1, dominado por una enana roja alrededor de la cual se han descubierto 7 planetas rocosos con tamaños parecidos al de la Tierra y con 3 de esos planetas ocupando la zona de habitabilidad de la estrella. Aunque las condiciones exactas en superficie dependerán de la atmósfera de los planetas, este sistema despierta el interés y la imaginación de profesionales y amateurs de la astronomía por igual. Además, el sistema se sitúa a tan solo 40 años luz de distancia del Sol.

Otro exoplaneta interesante sería Teegarden-b, que es apenas más grande que la Tierra y orbita dentro de la zona de habitabilidad de una enana roja. Estas estrellas suelen ser inestables y dificultan la aparición de la vida por las erupciones ocasionales desde la superficie de la estrella, capaces de eliminar cualquier rastro de vida en un planeta cercano. Sin embargo, la estrella Teegarden es una estrella tranquila a la que no se le han observado erupciones violentas ni actividad peligrosa.

Todos estos no son más que algunos ejemplos de la gran variedad de planetas que podemos encontrar orbitando estrellas de nuestra galaxia. Sin duda, las observaciones con instrumentos cada vez más potentes y especializados en detección de exoplanetas o de propiedades concretas de sus atmósferas traerán una avalancha de descubrimientos en las próximas décadas. No podemos sino soñar con el día en que se descubra lo inevitable: que los seres humanos y el resto de los seres vivos de la Tierra no estamos solos en el universo.

Terminamos con esto nuestro viaje a las fronteras del conocimiento humano, con la esperanza de haber desterrado de una vez por todas la idea de que somos fundamentales o el centro en la historia del universo.

EPÍLOGO

¡Enhorabuena! Has sobrevivido a uno de los viajes más duros que podríamos concebir: un viaje intelectual. Con suerte, durante estas páginas la imagen que tenías del universo ha ido creciendo hasta alcanzar un tamaño descomunal que no impide captar sus finísimos detalles.

Ya desde los primeros instantes, nuestro periplo nos ha llevado a los mismos inicios de la ciencia humana. Hemos recorrido siglos enteros para tratar de comprender cómo pasamos de unos pajarillos mitológicos que moldeaban la tierra a entender que la Tierra, uno más de varios planetas, orbitaba alrededor de esa gran esfera caliente y brillante que domina nuestros días. Una esfera que resultó ser similar a los miles de puntitos que vemos por las noches. Este descubrimiento no fue trivial, pues entrábamos en el terreno de los años luz. Nos adentramos en el estudio de objetos inalcanzables, cuya luz debía recorrer el vacío del espacio durante decenas o cientos de años hasta llegar a nuestros ojos.

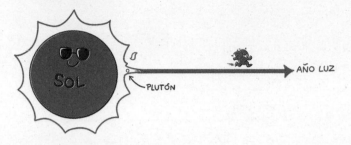

Fuimos viendo cómo nuestra ciencia crecía y evolucionaba, y cómo los nuevos descubrimientos venían dados por avances en la técnica. Con mejores telescopios pudimos descubrir planetas enanos, estrellas lejanas e incluso nuevas galaxias. Nuestro universo creció en apenas unos siglos desde un planeta rodeado por esferas cristalinas, que contenían el resto de los objetos visibles y conocidos, hasta albergar millones y millones de universos isla (las galaxias), formados cada uno por millones de estrellas.

Mientras todo esto ocurría, el universo no solo se hacía más grande, sino que empezamos a conocerlo con mayor detalle, llegando casi hasta las mismísimas entrañas, hasta los engranajes que con su giro ponen en marcha todo lo demás. Empezamos a entender el funcionamiento de las partículas fundamentales, de los constituyentes más básicos de la materia, para descubrir que no parecían responder a las leyes que conocíamos. Descubrimos que

habitamos un universo probabilístico, donde no podemos saber exactamente dónde está una partícula o incluso si dos sucesos son realmente simultáneos.

Con todo esto ya teníamos las herramientas necesarias para dirigirnos a la frontera del saber humano. Vimos que las galaxias no acaban de comportarse como esperaríamos, basándonos en lo conocido hasta ahora. Por un lado, había algo que las mantenía cohesionadas y unidas a otras galaxias cercanas. Además, parecía que tenían prisa por alejarse las unas de las otras. Este capítulo de la ciencia moderna todavía está por acabar, aún tenemos que escribir sus últimas páginas, pero ya promete una pequeña revolución en nuestra comprensión del cosmos.

Finalmente llegamos a la gran pregunta: «¿hay vida más allá de la Tierra?». La respuesta de momento es un «no», aunque apenas llevamos unos años intentando responderla seriamente. Estuvimos viendo qué opina la ciencia sobre la existencia de la vida extraterrestre no desde la especulación, sino desde la biología, la química y la geología que ya conocemos. Los ingredientes para la vida abundan en el universo. Las condiciones tal vez también. Si algún día llega a descubrirse vida en otro cuerpo celeste, pasará sin duda a la historia de la ciencia. Un descubrimiento como este sacudirá la forma que tenemos de entender el cosmos y nuestro lugar en él.

Con todo esto que estoy contando y lo mucho que he insistido en la grandiosidad del universo y la pequeñez del ser humano, tal vez pienses que tengo algún tipo de interés en menospreciarnos, que me cae mal el *Homo sapiens* o algo así. Para nada. Todo lo que he contado aquí pretendía ampliar y agrandar tu concepción del mundo, pero no debería haber cambiado (al menos no de manera absoluta) tu imagen de los seres humanos. Lo grande y grandioso que sea el cosmos no afecta en nada a lo grandiosos o grandiosas que somos las personas. Como mucho, afecta de modo relativo al compararlos. Pero sinceramente, si me das a elegir, prefiero ser una parte pequeñísima de un todo gigantesco antes que ser parte de lo más grande del universo. Porque, si los seres humanos fuéramos el clímax de toda la existencia, pues... vaya existencia más pobre, ¿no? No porque no seamos interesantes, complejos o dignos, sino porque significaría que el todo sería un lugar chiquitito.

Si nos dieran a elegir una casa en la que vivir y nos pusieran la condición *sine qua non* de que jamás podremos abandonarla, ¿qué elegiríamos? ¿Una casita diminuta de un solo espacio, con un balcón en el que caben unas pocas macetas, o una casa enorme cuyo jardín se adentra en bosques y montañas, que llega hasta el mar y en la que habitan animalillos, plantas y seres de muchos tipos diferentes? Elegir la primera opción por miedo a sentirnos insignificantes sería un rollo. Pero lo mejor es que no tenemos que elegir.

Como hemos visto en estas páginas, vivimos en un universo lleno de sutilezas y matices, en un universo tan vasto y complejo que jamás podríamos llegar a conocerlo por completo. Si alguna vez has jugado a un videojuego de mundo abierto, probablemente haya llegado un punto en el que te has preguntado: «¿Qué habrá más allá?». Probablemente puedes haber sentido ese pequeño impulso explorador. Sin embargo, por las limitaciones técnicas del videojuego, en ese caso no había un más allá. Lo que ves es lo que hay. No ocurre así en el mundo real. Aquí ni con mil vidas serías capaz de conocer cada rincón. El universo es, a efectos prácticos, inabarcable.

Todo parece indicar que ni tú, ni yo, ni el conjunto de los seres humanos o los seres que habitamos la Tierra somos el centro del universo. Y, oye, qué alivio, ¿no?